D d

E e

F f

J j

K k

L l

P p

Qu qu

R r

L
E
S
E
N

MEINE FIBEL

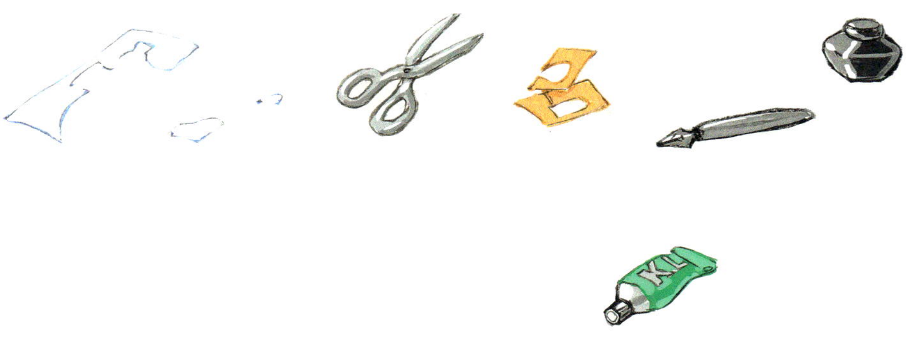

Autorinnen
Mariona Hoffmann
Sibylle Jaszovics
Andrea Knöfler
Liane Lemke
Ines Materka
Heike Mince
Katrin Walter

In Zusammenarbeit mit der Verlagsredaktion
Monika Gade
Sabine Kierzek

Begutachtet und beraten von
Ursula Henke *Brandenburg*
Sylvia Kubitza *Thüringen*
Elvira Ludwig-Bauer *Sachsen-Anhalt*
Gerhild Schenk *Brandenburg*
Heike Schindler *Sachsen*
Isolde Stangner *Thüringen*
Anne-Karina Walther *Mecklenburg-Vorpommern*

Illustratorin
Tanja Székessy

MEINE FIBEL

VOLK UND WISSEN

M	m
M	*m*

Mama   Mama

M		m	

Ma	ma

Mama
Mam
Ma
M
Ma
Mam
Mama

Ma	

Mimi **Mimi**

	i		i	Mi	mi

Mimi
Mim
Mi
M
Mi
Mim
Mimi

Mi	mi
Ma	

A a

A a

Mama Mia

	a		a	M		a

Mia
Mi
M
Mi
Mia

Ma	ma	Ma	mi	Mi	a
Ma	mi	Mi			a

ist

Mia ist im  .

Mama ist am  .

Am 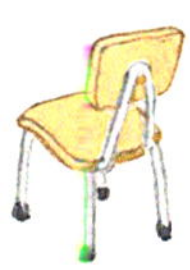 ist Mimi.

Im  ist  .

Mimi
Mim
Mi
M
Mi
Mia

Ma	mi	Mi	mi	Ma	
Mi			a		

P p

P p

Papa **Papa**

P		**p**			**Pa**	

Papa ist am 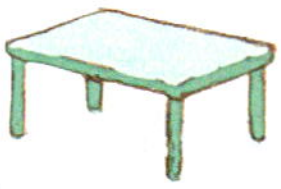 .

Mia ist im  .

Mimi ist im  .

Papa
Pap
Pa
P
Pa
Pap
Papi

Pa	pa	Mi	
	pi	Pi	a

Opa Oma

O		

O		

Opa ist am  .

Oma ist am  .

Im  ist Mo.

Opa
Op
O
Om
Oma

Opa
Oma

O	pa	
Pa		
Ma		
O		
Mi		
Ma		

ruft

Mia ist am  .
Mia ruft Papi.

Papi ist im 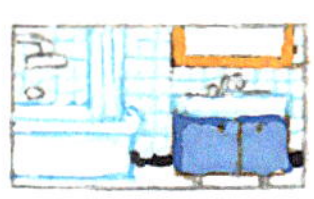 .
Papa ruft Mami.

Mami ist am  .
Mama ruft Opi.

Papa
Papi

Mama
Mami

Papa ruft … .
Mia ruft … .
Mami ruft … .

Opi ist im  .
Opa ruft Omi.

Omi ist am  .
Oma ruft Mimi.

Mimi ist am  .
Mia …

Opa
Opi

Oma
Omi

Mimi
Mia

Am  ist … .

N	n
N	*n*

Nina ist im  .

Nina ruft Papa.

Am  ist Papa.

Papa ruft Mama.

Mama ist am  .

Nina
Nin
Ni
N
Ni
Nin
Nina

Mi	Ni	O	I	Pa	O
pa	a	na	pa	na	mi

Mia ist im  .

Mia ruft Ina.

Ist Ina im  ?

Ina ist am  .

Am  ist Amon.

Ina ruft Amon.

Ina
In
I
In
Ina
Nina
na
a
na
Ina

Amon | I a | Na a

Mo a | An a | Ni a

und

Oma und Mia … .

Im  ist Mia.

Mimi …

Mia ruft Amon und  .

Mo ist im  .

Am  ist Amon.

Amon
Amo
Am
A
Am
Amo
Amon

Mama und Papa
Oma und M _ _

Nina und I _ _
Mimi und M _

sind

Omi und Mia sind im  .

Amon und Mo ... .

Ina ruft: Mo! Mo!

Mimi und Nina sind am  .

Nina ruft: Mimi!

Mimi  .

Mimi
mi
i
mi
Omi

Nina
Ina

Mia und Oma sind im ... .
Nina und Mimi sind am ... .

Papi und Opi sind im ... .

Papa ist am  und  .

Am  ist Opa und  .

Ina ist im  und ... .

Amon ruft: Ina!

Opa
Papa
Papi
Opi

 pa

 pi

Ni	Mi	O	A	I	Pi	Po	O
mon	na	a	pa	a	ma	na	po

Im … sind Mama und Omi.

Oma und Mami  .

Ist Mimi im  ?

Im  ist Mia und 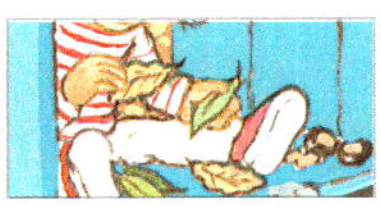 .

Mimi …

Nina  und ruft: Mimi!

Oma

Mama

Mimi

 ma

 mi

In Mama ist am.

In Mimi ist … .

In Amon ist … .

In Nina ist … .

T	t
T	*t*

Tim ist mit Mia am  .

Ina ist am  .

Amon ist im 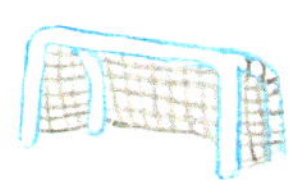 .

Amon ruft: Tim!

Nina  und ruft: Na, Tim!

Tim
im

Tim
Tom

Timi
Mimi

Ina ist mit Tim und Amon …

Nina ist mit Mia am  .

Ina und Tim sind am  .

Tim  und Mimi  .

Mo  .

Opa ruft: Na, na, Ina! Tim!

Tim
Timo

Ina
Nina

Tina
Tino

Mo mit Mimi

L	l
L	l

Lina ist mit Tim am  .

Lina und Tim 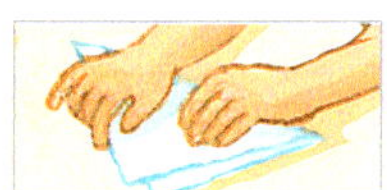 .

Tilo malt mit Ina.

Ina malt lila 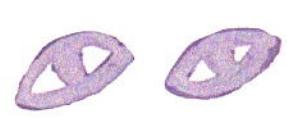 und .

O, Tilo malt mit T, i, l und o!

Lina
Lin
Li
L
Li
Lin
Lina

Nina

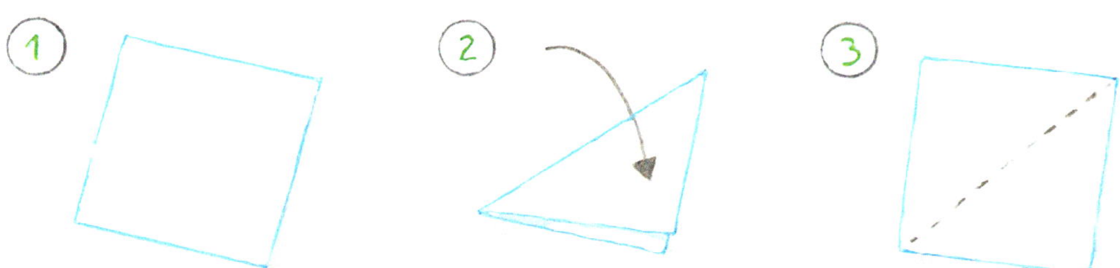

Am  sind Amon und Nina.

Malt Amon mit  ?

Amon  .

Nina  und ruft Amon.

Am  sind  und . . . .

Tilo
ilo
lo
o
lo
ilo
Tilo

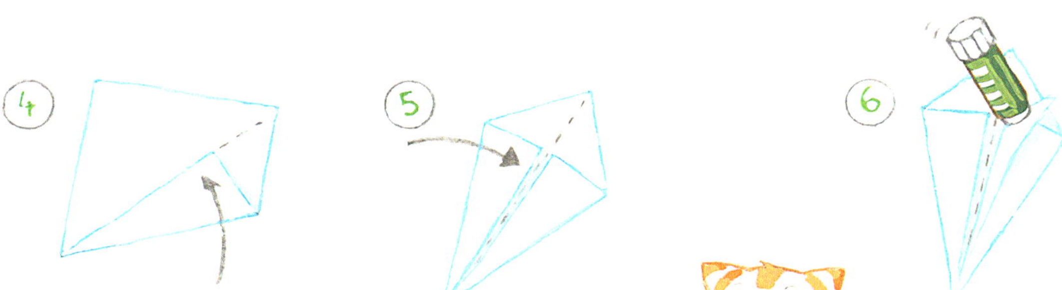

U u

U u

Uli und Lina sind im .... .

Tim ist am  .

Tim ruft: Uli ! Muli !

Am  ist Muli.

Muli ruft: I a, i a !

Mimi und Mo ...

Uli
Ul
U
Ul
Uli

Muli
Mul
Mu
M
Mu
Mul
Muli

T____

N_______

E_______

Opa ist mit Mia am  .
Mia ruft: Lama ! Lama !
Nun ist Muli am  .
Am  sind Uli und Tim.
Uli ruft: Nanu ? Mimi !
Ist Mo mit Mimi am  ?

Muli
uli
li
i
li
Uli

Muli
Uli

Mo und Puma ...

E	e
E	e

Alle malen

Nele malt Enten mit  .

Uli malt Tante Ute mit  .

Malt Nina ?

Nina …

Nele

Ente

Enten

malen
male
malt

an
Tante

Lina und Tim malen .... .

Tilo und Ina malen Amon.

Mama malt Mia an.

Mia ist Mimi mit  .

Mimi malt eeee mit Tinte !

malen
male**n**
mal**en**
ma**len**
mal**en**
malt

Tante
Tinte

Male Palmen mit Mimi und Mo.
Male nun Pippi mit Mantel und Lupe.
Male mit  Tulpen.

S	**s**
S	s

Selina und Nele am

Selina tippt: Sonne.

Nele soll lesen und malen.

Nun tippt Selina: Tanne.

Nele malt.

Nele ruft: Nanu ? In Tanne ist Anne !

Selina
Selin
Seli
Sel
Se
S
Se
Sel
Seli
Selin
Selina

In Tim ist im.
In Mama ist … .
In Tinte ist … .
In Tante ist … .

Selina und Nele tippen Namen.
Ist Anne in Panne ?
Anne ist in Panne und in Tanne.
In Muli ist Uli.
In Selina ist Lina und … .
Alle lesen, lesen, lesen.

malen
lesen
sollen
tippen

malt
lest
sollt
tippt

In Susanna ist … .
In Naomi ist … .
In Lasse sind … .
In Mast ist … .
In Pinsel ist … .

R	r
R	*r*

Nur Mut, Romi!

Ina und Tilo rollen mit  .
O, Tilo rollt und rollt!

Amon rollt mit Romi.
Romi soll es lernen.
Rolle los, Romi!

Romi
Rom

lernen
lerne
lern
lerne
lernen

sollen
rollen
tollen

Rollen alle mit  ?

Reime.
Timi und 
Ina und ...
Omi und ...
Uli und ...

Murmeln

Alle murmeln:
Nina und Nele mit
roten Murmeln,
Selina und Tim mit lila Murmeln.
Selinas Murmel rollt ins Tor 3.
Tim tippt Selina an.
Er ruft: 1 + 1 + 3 = … !

rollen
rolle
roll
rollt

murmeln
er murmelt

rennen
er rennt

alle rollen	alle lernen	alle tippen	antippen
er rollt	er lernt	er tippt	er tippt an

Ei ei

Ei ei

Mein Eis! Mein Eis!

Nina, Ina und Mia essen Eis.

Mm, rosa Eis!

Mein Eis! Mein Eis!

Na, Mia? Ein Ei?

Nein, nein, ein Eis!

Nina und Ina teilen mit Mia.

Reis und Salat

Alle sind am 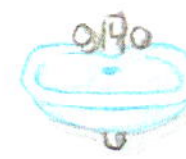 und . . . .
Uli und Tilo  Tomaten.

In einem  sind Eier.
In einem  ist Reis.

Selina nimmt:
Teller, Messer und .

Mm, Reis mit Tomate!
Nun essen alle Salat mit Ei.

mn s mn  sn Rs ne Mse
mein Eis

H	h
H	*h*

In unserer Halle

Hannes und Tilo holen ein Seil.
Alle sind am Seil.
1, 2, 3 – und los!

Ina holt ein Seil und  .

Nun rennen alle.
Rennt Hannes mit Nele?
Hallo, Hannes! Renn los!

Hannes

holen
hole
hol

rennen
renne
renn

holen
er holt

rennen
er rennt

rennen	sollen	Seil	Nase	Hose
nennen	r_____	T___	H___	R___

Nun sollen alle turnen.
Amon und Romi holen eine Matte.
Alle sind in einer Reihe
und lernen eine Rolle.
Hannes soll nun eine Rolle lernen.
Nanu, Hannes … .

Romi rollt hin und her.
Und so rollt Nele …

alle
Halle

Matte
Latte

rollen
Rolle
Roller

turnen
turne
turn
er turnt

Holen Amon und Romi ein Seil?
Soll Tilo eine Rolle lernen?
Rollt Ina hin und her?

D d

D d

Domino mal so, mal so

Hannes und Amon holen ein Domino.

Lina hat so ein tolles Domino.

Nun malen alle Dominos.

Male und dein Domino.

Das ist Ninas Domino.

Es ist ein Domino mit Reimen.

Ein anderes Domino malen Nele und Ina.

Es ist ein Domino mit … .

Und das Domino muss man lesen.

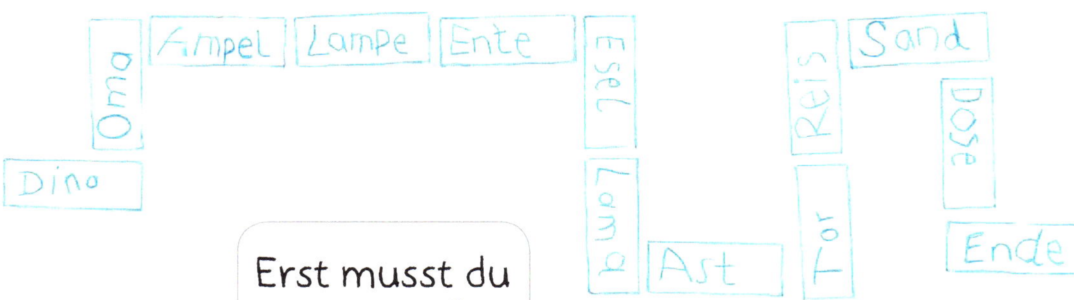

W	w
W	*w*

Willi, der Wal

Willi ist ein Wal.
Er wohnt im Meer.
Im Meer sind hohe Wellen.
Wo ist denn Willis Mama?
Willi weint.
Hallo, Willi!
Deine Mama ist
nur drei Wellen hinter dir!

Willi
Willis Mama

Welle
Wellen
hohe Wellen

wir wohnen
er wohnt

wir weinen
er weint

Wer ist Willi?
Wo wohnt Willi?
Warum weint Willi?

Willst du mehr wissen?

Wale sind im Wasser.
Wale wohnen im Meer.
Wale atmen.
Alle 30 – 60 Minuten
muss ein Wal einatmen.

Wale sind selten allein.
Eine Walmutter ist
immer mit ihrem … .

Ein Wal warnt alle.

das Wasser
eine Welle
der Wind

wir wollen
wir wissen

wir atmen
wir atmen ein

wir warnen
er warnt

Wann muss ein Wal einatmen?
Warum warnt ein Wal wohl alle anderen?
Wenn du mehr wissen willst, …

Wer ist mit wem da?

Ina ist mit dem Indianer da.
Wer ist der Indianer?

Waldi ist mit Wanda da.
Was will Wanda sein?

Der Hase ist mit Nele da.
Was will Nele sein?

Tim ist mit einer Dame da.
Wer wird wohl Tims Dame sein?

Der Dino ist mit dem Hund da.
Wer ist wohl der Hund,
und wer wird der Dino sein?

... ist ein Hase.
... ist mit der Dame da.
Was ist nur mit Mimi los?

Was wissen wir?

Alle Antworten sind in den Seiten 24 – 37.

Das ist ein Teil der Seite … .

Und das ist ein Teil der Seite … .

Was willst du wissen?

ie

ie

Der Riese im 

Opa ist mit Amon und Ina
im  MORINO.
Sie sehen die Tiere und den  .
Was piept denn da?
Es sind die … .
Dann ruft Ina: Amon, sieh mal!
Der Riese!

der Riese
die Riesen

die Tiere
das Tier

lesen
sie liest

piepen
es piept

sehen
sie sieht

der Esel

der ________

die ______

Hinter dem  ist eine Wiese.
Da turnen die  .
Und dort ist der Riese wieder!
Der Esel soll lesen lernen.
Er ruft: IA! IA!

Wieso ist denn Mo hier?
Amon nimmt Mo in den Arm.
Er ruft:
Hurra, Mo ist wieder da!

die Wiese
der Riese

die Lieder
wieder

das Tier
hier

Wie?
Wieso?

F	f
F	*f*

Wir helfen

Ina will mit dem Fahrrad fahren.
Sie ruft: Hannes, hilfst du mir?
Renne mit und halte
das Fahrrad fest.

Hannes hilft Ina.

Nun will Ina allein fahren.
Sie ruft: Lass mal los, Hannes!
Hannes sieht Ina fahren.
Er ruft: Super!

wir fahren

wir helfen
du hilfst
er hilft

wir rufen
du rufst
er ruft

wir sehen
du siehst
er sieht

fahren	rufen	helfen
ihr fahrt	ihr ruft	ihr helft
die Fahrt	der Ruf	die Hilfe

Lina nimmt
Nadel und
Faden.
Sie reiht Perle
an Perle.

O nein!
Die Perlen
fallen alle
runter.

Tim,
hilfst du mir?

Tim hat einen Hund
an der Leine.

Nun rennt
der Hund los. Hilfe!

...

Au au

Au au

Mit dem Auto aufs Land

Tante Laura wohnt auf dem Land.
Sie ist mit dem Auto da
und will uns mitnehmen.
Wir laufen aus dem Haus.

Hallo, Tante Laura!
Wann fahren wir denn los?

Wir fahren sofort los.
Dann wollen wir uns alles ansehen.

Werden wir Tiere sehen?

das Haus
die Maus
die Laus

sie raufen
sie laufen
sie saufen

auf dem Land
aus dem Auto

Lies erst leise.
Lies dann in deiner Rolle laut.

Auf dem Sonnenhof

Seht, die Sau hat  .
Sie wollen alle saufen!
Die Sau will fressen und ausruhen.
Wir laufen weiter.

Dort hat ein Hund Welpen.
Darf man sie anfassen?

Da hinten sehen wir eine Henne mit … .
Und auf der Wiese ist ein Fohlen.
Darf Ina einmal reiten?

saufen
aussaufen

ruhen
ruhen

fressen
auffressen

fassen
anfassen

sehen
sehen

Die Sau hat … . 
Der Hund hat … . 
Die Henne hat … . Welpen

In der Bude

Amon und Nina bauen eine Bude.

Nina:
„So, nun haben wir unsere Bude.
Wollen wir bleiben
und in der Bude toben?“

Amon:
„Nein, wir lesen hier
und sehen uns bunte Bilder an.“

Nina:
„Mm, lass uns lieber toben.“

Amon:
„ …“

bauen
er baut

haben
er hat

toben
er tobt

Farben
blau
braun

bunt

Was will Nina in der Bude tun?
Und was will Amon?

Unser Baumhaus

Nina: „Wir haben
ein Baumhaus.
Willst du es sehen?“

Amon: „Wo ist
das Baumhaus?“

Nina: „Es ist im Wald
hinter dem Sonnenhof.
Willst du mitfahren?“

Amon: „Und ob.
Wann fahren wir?“

Nina: „Wenn es warm wird,
fahren wir hin.
Dann wollen wir
unser Baumhaus bemalen.“

Amon: „Soll es blau
oder bunt werden?
Blau finde ich am besten.“

Nina: „…“

ein Haus	das Haus	ein Haus
ein Baumhaus	das Hausboot	eine Hausmaus
ein Puppen…	die …nummer	eine Hausmauslaus
ein Reihen…	die …arbeit	ein Hausmauslaushaus

K	k
K	*k*

Was sollen wir einkaufen?

Nina und Ina wollen einkaufen.

Mama holt Papier.
Ina soll alles notieren.
„Kauft Brot, Kartoffeln, Tomaten
und Mimis Futter.“

Nun kommt Mia.
„Was ist mit meinem Futter?
Kauft mir bitte Kekse oder Eis!“

wir	kaufen
	kaufe
sie	kauft
	einkaufen
er	kauft ein
wir	kommen
	komme
sie	kommt
	ankommen
er	kommt an

Im Supermarkt

Nina holt Brot und Kartoffeln.
Aber wo sind die Tomaten?
Ina findet sie.
Es sind drei Sorten.
Nina meint:
„Wir nehmen Tomaten aus …“
Dann ruft sie: „Komm, Ina!
An der Kasse bekommen wir
Kekse.“

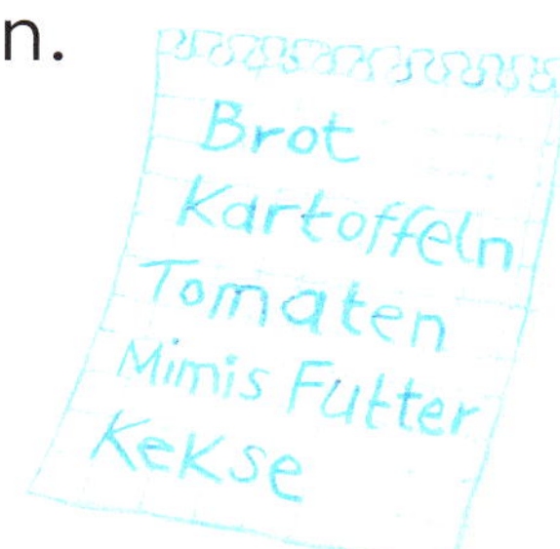

die Kasse
die Tasse

wir laufen
wir kaufen

kommen
mitkommen
bekommen
ankommen

wir kaufen	wir holen	wir kennen	wir kommen
er kauft	er h	er k	er k

Ch	ch
Ch	ch

So bin ich

Ich kann prima rechnen.
Ich will einmal wie Papa
ein Techniker sein.

Ich kann toll reiten. Ich will
mal auf einem Bauernhof
als Landwirt arbeiten.

Ich traue mich fast alles.
Manchmal bin ich frech.
Ich will als Pilotin durch
die Luft sausen.

Was kannst du?
Was willst du einmal werden?

Mein Traum

In meinem Traum
kann ich tief unter Wasser tauchen.
Doch dort lauert ein Krake auf mich.
Was soll ich nur machen?

Ich fauche ihn laut an.
Da wird er klein und kleiner.
Ich fauche noch einmal
und – der Krake ist nicht mehr da.

tauchen

ich tauche
sie taucht

machen

ich mache
sie macht

fauchen

ich fauche
sie faucht

kochen	tauchen
der Koch	der Taucher
das Koch...	die Taucher...
die ...platte	der ...helm

Sch	sch
Sch	*sch*

Sascha …

Sascha kommt aus Russland.
Er redet kaum mit uns
und auch seine Schrift ist anders.
Sascha ist oft allein.
Da hat Hannes eine Idee:
„Wir helfen ihm.
Er lernt ein Wort durch uns,
und wir lernen es dann auf Russisch.“

Sascha
Schule
Schrift

wir schreiben
ich schreibe
er schreibt

Lerne auch etwas Russisch:

Guten Tag!
Здравствуйте!
(lies: Sdrawstwujte!)

Wie heißt du?
Как тебя зовут?
(lies: Kak tibja sawut?)

Mein Name ist Sascha.
Меня зовут Саша.
(lies: Minja sawut Sascha.)

… und wir

Die Lehrerin holt eine Weltkarte.
„Schaut her, hier ist Moskau.
Dort ist Saschas alte Heimat.“
Selina findet Kenia und sagt:
„Da kommt Papa her.
Meine Oma wohnt noch dort.
Papa will mit uns im Urlaub
hinfahren.“
Dann will Selina wissen:
„Wo macht ihr Urlaub?“

	schauen
ich	schaue
du	schaust
er	schaut
wir	schauen
ihr	schaut
sie	schauen

Schaut her!

Warst du schon in einem anderen Land?
Wie war es dort?
Suche das Land auf der Weltkarte.

Post aus dem Urlaub

Wo macht Hannes Urlaub?
Wer schwimmt am schnellsten?
Was hat Romi im Wald gesehen?

Wir laden ein

Lieber Tim,
ich will feiern und
ich lade dich ein.

Wann?
Am Mittwoch um 16.00 Uhr

Wo?
Sonnenallee 13, im Hof

Bitte ruf mich an, ob du
kommen kannst.
Tel. 276 90 88

Deine Nele

Liebe Eltern,

am Mittwoch ist unser Klassenfest.
Bitte kommt alle!
Wir wollen lesen, basteln und Musik machen.
Dann hat Tilo noch eine tolle Idee –
ihr werdet es schon sehen.

Wir feiern ab 15.00 Uhr im Klassenraum.
Die Kinder der Klasse 1a

Was wollen die Kinder beim Klassenfest alles machen?
Welche Karte findest du besser? Warum?

Bald ist es so weit

Romi möchte einen Bruder haben.
Wie schön, bald ist es so weit.
Romi möchte dann helfen.
Sie will den Bruder halten, trösten … .

Romi ist wirklich froh.
Und doch ist sie manchmal
auch etwas unsicher … .

schön
schöner
am schönsten

ich möchte
er möchte
wir möchten

ich tröste
er tröstet
wir trösten

ich höre
…

Schreibe die Wortpaare auf:
Romis Löffel – Andis Löffelchen
Romis … – Andis Öhrchen
Romis Popo – Andis …

Ü ü

Ü ü

Wie war es früher?

Mama holt eine besondere Kiste.
„So war es damals bei dir."

Romi lacht und tippt auf ein Foto:
„Da bin ich müde und höre Musik."
Mama ruft:
„Hier hast du als Fee Wünsche erfüllt!"
Papa wundert sich
über das Bild mit der Schultüte:
„Wo war ich denn da?"

füllen
erfüllen

wünschen
der Wunsch
die Wünsche

die Tüte
die Schultüte

Wie war es damals bei dir?
Suche Fotos.
Erinnere dich.

G g

G g

Eine Geige

Romi und Sascha wollen Selina besuchen.
An der Tür hören sie leise Musik.
„Schön“, flüstert Sascha.
„Sehr schön“, sagt Romi.
„Das ist sicher Selinas Bruder.
Er hat eine Geige.
Das hat mir Selina gesagt.“
Sascha fragt:
„Machst du auch manchmal Musik?“

sagen
er sagt
er hat gesagt

fragen
er fragt
er hat gefragt

eine Geige

Schreibe die Namen in dein Heft.

eine F _ _ _ _

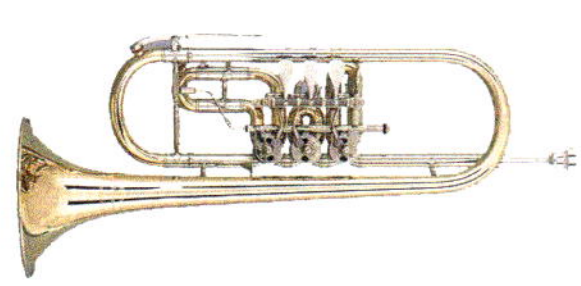

eine T _ _ _ _ _ _ _

eine G _ _ _ _ _ _

ß ß

Alle Kinder raten

Lehrerin: „Ich sehe was, was ihr nicht seht, und das ist weiß.“
Amon: „Ist es die Wand?“
Lehrerin: „Nein, kalt.“
Lina: „Das Hemd ist weiß.“
Lehrerin: „Wieder kalt.“
Nina: „Ist es die Kreide?“
Lehrerin: „Das ist schon sehr heiß.“
Tim: „Dann ist es Tilos Nase!“

heiß
heißer
am heißesten

groß
größer
am größten

Es ist weiß.
Es ist heiß.

Schreibe die Antworten.
Nun sagt Nele: „Ich sehe was, was ihr nicht seht, und das ist heiß.“
Selina sagt: „…“ Uli sagt: „…“

Meine Vögel

Meine Vögel heißen Rudi und Hansi.
Ich versorge sie allein.
Sie wohnen in einem Vogelbauer.
Rudi fliegt viel umher
und schaukelt gern auf der Lampe.
Hansi landet oft auf meiner Schulter.
Dann knabbert er sanft an meinem Ohr.

Vogel
Vogelbauer
Vogelfutter
Vogel...

sorgen
versorgen
besorgen

viel
viele

Lies in einem Vogelbuch nach:
Was darf ein Wellensittich alles fressen?

Eu	eu
Eu	eu

So leben Eulen

Eulen sind in der Nacht wach.
Sie haben weiche Federn
und können lautlos fliegen.
Eulen haben riesengroße Augen
und können in der Nacht sehen.
Sie hören ihre Beute
aus großer Entfernung.
Mit ihren scharfen Krallen greifen
sie die Beute und töten sie.

die Beule
die Eule

die Beute
die Leute

neu
scheu

heulen

Finde mehr über Eulen heraus.
Suche im Internet oder in Büchern.

Z	z
Z	z

Der Zauberer

Alle Eltern sind zum Fest gekommen.
Toll, dort ist ein Zauberer
mit einem schwarzen Bart.

Der Zauberer beginnt:
„Hokus pokus eins, zwei, drei –
in meinem Hut, da liegt ein Ei!"

„Hokus pokus zwalle, zwille –
so zaubere ich eine Brille!"

Da ruft Ina laut:
„Das kann ich auch!
Hokus pokus tralala –
der Tilo ist nun wieder da!"

Sie nimmt dem Zauberer den Bart ab.
Es ist Tilo. Alle lachen …

ein Zauberer
er zaubert

der Zauber
der Zaubervers
das Zauberbuch
der Zaubertanz
der Zauber…

Erfinde eigene Zauberverse:

Hokus pokus schnah und schnuh –
…

Hokus pokus rein und raus –
…

J	j
J	*j*

Judo lernen

Liebe Lina,

wollen wir zusammen Judo lernen?
Mein Papa ist ja auch Judoka.
Seit drei Jahren lernt er schon Judo
und hat nun den blauen Gürtel.

Jeder beginnt mit dem weißen Gürtel.
Auf einer Matte übt man Würfe
und wie man fallen muss.

Im Juli beginnt ein neuer Kurs.
Tschüss, deine Nele

Übrigens: Judo kommt aus Japan!

Judo
Judoka
Judo 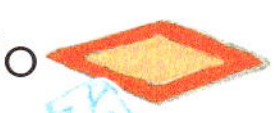
Judo 
Judo 
Judowurf

Jahr
Juni
Juli

Was möchtest du gern lernen?
Ich möchte gern …

tz
Tz

Ä	ä
Ä	*ä*

Zähne putzen

Heute kommt Frau Jan.
Sie zeigt uns,
wie man die Zähne richtig putzt.
Sie erklärt auch,
was den Zähnen schadet.

Nina und Romi schwatzen.
Jetzt erzählt Nina uns allen,
dass sie ihren zweiten Milchzahn
verloren hat.

der Zahn
die Zähne
das Zähnchen

schwatzen
ich schwatze
er schwatzt

putzen
ich putze
er putzt

Nachts kommt die Zahnfee
und holt sich den Zahn …

Meine Tipps:
- Putze die Zähne mehrmals täglich.
- Putze drei Minuten.
- Ernähre dich gesund.
- Gehe zur Zahnkontrolle.

Frau Jan

Was kannst du für deine Zähne tun?
Schreibe es auf.

ng
ng

ck
ck

Der Brückofant

Züchterin:
Karoline Bäcker
Nahrung:
sehr schwere Dinge wie
Eisen, Felsbrocken, Sandsäcke
besondere Merkmale:
langer Rüssel,
dick,
sehr schwer (bis 100 000 Kilo)
Lieblingsbeschäftigung:
über Brücken laufen,
bis sie kaputt gehen
(weil er so schwer ist!)

eine Brücke
viele Brücken

ein Sack
viele Säcke

ein Ding
viele Dinge

dick
lang

Finde die richtigen Reimpaare:

Brücke – Kr...
dick – sch...
Dinge – R...
lange – b...

Äu	äu
Äu	*äu*

Die drei kleinen Schweinchen

Drei kleine Schweinchen
bauten sich im Wald drei Häuschen:
aus Reisig, aus Holz und aus Stein.

Da kam der böse Wolf und rief:
„Öffnet die Tür oder
ich werde husten und prusten
und eure Häuschen zusammenpusten!“
Die Schweinchen schlossen ihre Äuglein …

Der Wolf blies alles um,
nur das Steinhäuschen hielt.
Dort fanden die Schweinchen Schutz.
Nun wollten sie den Wolf besiegen …

St	st
St	st

Das brauchst du:

- eine Pappvorlage für die Figuren
- viele Buntstifte 
- eine Schere 
- ein Klebeband 
- viele Stäbe oder Strohhalme 

Stabtiere basteln

Male die Figuren mit Buntstiften an.
Schneide die Figuren danach aus.
Klebe nun einen Stab mit Klebeband
an jede Figur.
Du kannst den Stab unten
oder oben ankleben.
Entscheide dich.
Fertig, es kann beginnen!

ein Stab
viele Stäbe

ein Stift
viele Stifte

ein Stuhl
viele Stühle

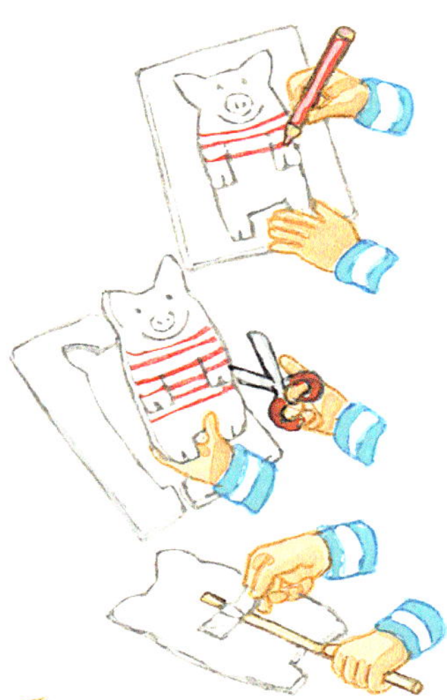

Tilo bastelt sich noch
ein Kartontheater.

Bei Rot bleibe stehn

Bei „Rot“ bleibe stehn,
bei „Grün“ kannst du gehn!

Bei „Rot“ musst du warten,
bei „Grün“ kannst du starten.

Das merke dir gut
und sei auf der Hut!

Schreibe die Sätze richtig auf.

Das Auto fährt	auf dem Radweg.
Der Bus hält	auf dem Bürgersteig.
Der Radfahrer fährt	an der Haltestelle.
Mia fährt Roller	auf der Straße.

Allein zur Schule

Ina und Nina gehen heute
zum ersten Mal allein zur Schule.
Gestern sind sie mit Mama noch einmal
gemeinsam den Schulweg gegangen.
Ina und Nina wissen,
sie sollen den sicheren Weg nehmen.
Hier gibt es eine Ampel.
Erst wollten sie mit ihren Rädern fahren,
aber das hat Mama nicht erlaubt.

Was würdest du tun?
Die Ampel ist kaputt,
und du musst über die Straße …

Ein Auto parkt auf dem Bürgersteig,
und du kommst nicht vorbei …

Sp	**sp**
Sp	*sp*

Spiele für draußen

Selina, Amon und Tilo spielen
Gummi-Twist.
Amon und Selina sprechen einen Spruch:

Auf dem Gummi-Gummi-Berg,
wohnt der Gummi-Gummi-Zwerg.

Lebt im Gummi-Gummi-Haus,
mit der Gummi-Gummi-Maus.

Sammelt Gummi-Gummi-Klee,
für die Gummi-Gummi-Fee.

Tilo wartet,
bis er „Gummi-Gummi“ hört.
Nur dann darf er springen.

spielen
ich spiele
du spielst
sie spielen

springen
ich springe
du springst
wir springen

sprechen
ich spreche
du sprichst
sie sprechen

Erfinde noch mehr Gummi-Gummi-Reime!
Schläft im Gummi-Gummi-Bett, …
Wirft den Gummi-Gummi-Ball, …

Nele und Lina spielen gern ein Hopse-Spiel.

Das geht so:

1. Male mit Kreide das Spielfeld auf.

2. Wirf einen Stein in das erste Feld.
   Springe über das Feld mit dem Stein.

3. Springe in alle weiteren Felder.
   Berühre dabei keinen Strich!

4. Springe dann zurück
   und hebe dabei den Stein auf.

5. Das nächste Kind ist an der Reihe.

nk

nk

Hannes ist krank

Hannes ist seit einer Woche krank.
Er hat Windpocken,
aber nun sind sie nicht mehr ansteckend.
Ina und Tim besuchen ihn.
Ina zeigt ihm eine Rechenaufgabe.
„Danke“, sagt Hannes und wird rot.
Ina hat auch ein Geschenk für ihn.
Sie schenkt ihm ein Herz.
„Danke“, sagt Hannes wieder
und wird dunkelrot.

krank
die Krankheit

schenken
sie schenkt

das Geschenk
die Geschenke

Danke!
Vielen Dank!

Was zeigt Ina dem kranken Hannes?
Was schenkt sie ihm?
Warum wird Hannes rot?

Pf	pf
Pf	*pf*

Kresse säen

Romi erzählt:
Neulich haben wir Kresse gesät.
Wir brauchten dafür Samen, Erde,
einen flachen Blumentopf und Wasser.

Nach zwei Tagen waren
die ersten gelben Spitzen zu sehen.
Sie wurden schnell grün und größer.
Ich habe die Pflänzchen viel gegossen.

Abends gab es Kressebrote
mit Pfeffer und Salz.
Das hat uns allen lecker geschmeckt!

Qu	qu
Qu	*qu*

So entwickelt sich ein Frosch

Erkläre, wie sich ein Frosch entwickelt.

X	x
X	x

Meerschweinchen

Max und Felix fressen immer gemeinsam.
Wenn sie einen Apfel bekommen,
nagt Max an der einen Stelle und Felix an der anderen.

Aber auf einmal ist alles wie verhext.
Max jagt Felix von dem Apfel weg.
Das geht einige Tage so. Was ist nur los?
Felix wird immer magerer und Max immer dicker.

Über Nacht ist es plötzlich klar:
Max ist gar kein Max, sondern eine Maxi.
Sie hat zwei Meerschweinchen bekommen.

Pflege:

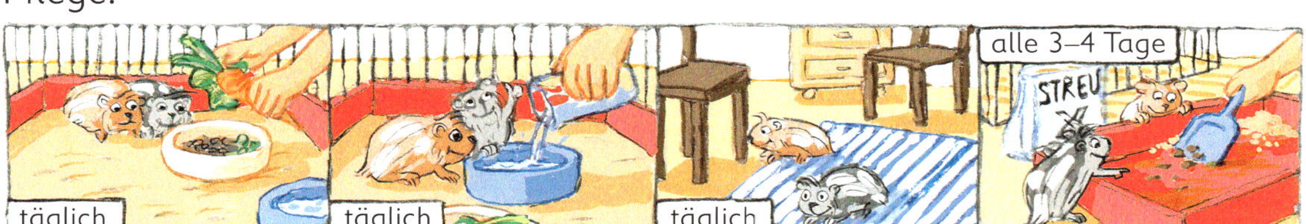

Welche Überschrift passt noch zu diesem Text? Begründe.

C c

C c

In der Schulbücherei stöbern

Heute gehen Amon, Tim, Romi
und Nele in die Schulbücherei.
Alle wollen sich etwas ausleihen.
Amon geht gleich an den Computer.
Er sucht eine CD.
Tim stöbert bei den Märchenbüchern
und Nele liest schon hier einen Comic.

Tipps – von Kindern für Kinder

Hier ist mein Lieblingsbuch. Leon ist so sonderbar …

Ich will alles wissen! Das Buch hat tolle Bilder!

Tim, hiermit lernst du auch viel über die Welt!

Also, ich liebe Prinzessinnen! Morgen stelle ich euch mein schönstes Buch vor.

chs

chs

Rate mit!

Amon und Tim haben sich aus der Bücherei ein Rätselheft besorgt:

Was ist ein Lachs?

Ein Lachs ist ein …

a) Käfer
b) Fisch
c) Strauch

Wie nennt der Jäger sein Gewehr noch?

a) Büchse
b) Knochen
c) Waffel

Was hat der Fuchs in dem Lied gestohlen?

a) viel Gold
b) eine Gans
c) eine Bürste

Welches Tier ist größer? Ein Luchs oder eine Eidechse?

So entsteht eine Rätselkarte:

1. Schreibe ein Rätsel auf eine Karteikarte.

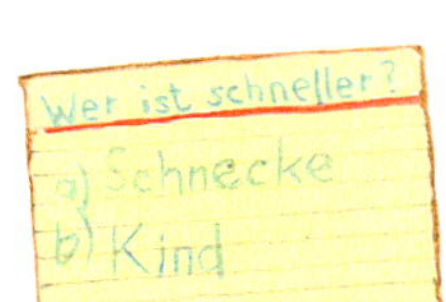

2. Schreibe die Lösung auf die Rückseite.

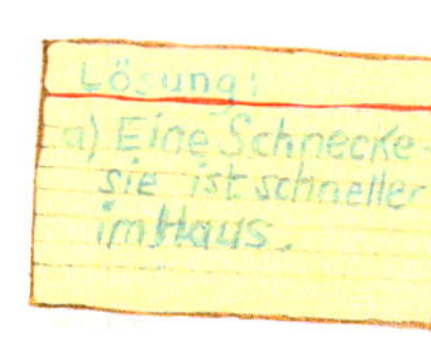

Nun denken sich Amon und Tim eigene Rätsel aus.
Beide benutzen dafür ein Lexikon.
Dort werden viele Wörter erklärt.

Was ist das?

Es ist ein kleines Pferd.
So nennt man aber auch
Haare.

Was bedeutet „Cowboy"
(sprich Kaubeu) übersetzt?
a) Kaugummi b) Kuhjunge

Tipp: Das Wort Cowboy kommt
aus Amerika. Cowboys hüten Rinder.

3. Sammle deine Karten in einem Karteikasten oder in einer schönen Pappschachtel.

4. Denke dir noch mehr Rätsel aus.

Das Wissens-Fest

Heute zeigen wir den Kindern
aus den anderen Klassen,
was wir alles können.

Amon und Ina beantworten
viele Fragen.

Seht her, hier wird
Theater gespielt.
Bravo!

Nele und Uli leiten ein Rätselspiel.

In der Buchstaben-Werkstatt
ist was los!
Haruko schreibt sogar
in koreanischer Schrift.

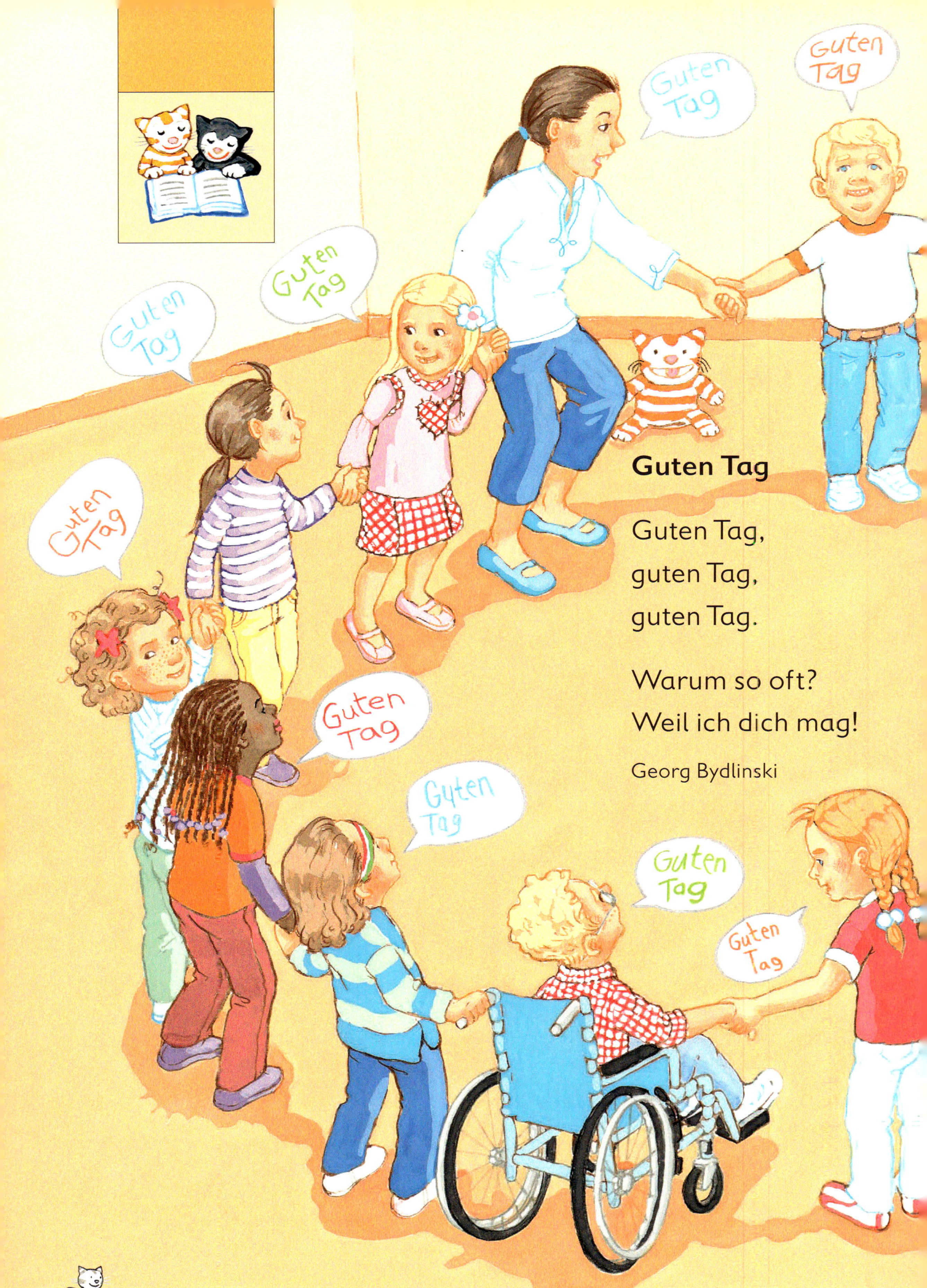

Guten Tag

Guten Tag,
guten Tag,
guten Tag.

Warum so oft?
Weil ich dich mag!

Georg Bydlinski

Gruß

Morgens bin ich noch sehr still,
weil ich lieber schlafen will.
Spreche nur ganz leise,
so auf Flüsterweise:
Guten Morgen.
Guten Morgen.

Wenn ich in der Schule bin,
krieg ich das schon besser hin.
Sag ich jedem, der mich mag,
laut und fröhlich:
Guten Tag!
Guten Tag!

nach Margot Weiß

Sprich erst leise und dann laut.
Lerne einen Spruch auswendig.

Der Wochenplan von Hannes

An welchem Tag spielt Hannes Fußball?
Wann hat er Musik?
Was macht Hannes am Wochenende?

Eine lustige Woche

Guten Tag, Herr Montag!
Wie geht es Frau D… ?
Ist der Herr M… zu Haus?
Sagen Sie der Frau D… :
Der Herr F…
geht mit Frau S…
am S… aus.

Setze die Wochentage richtig ein:

Montag

Donnerstag

Samstag

Dienstag

Mittwoch

Freitag

Sonntag

Montags macht mein Monster meistens Mittagsschlaf.

Dienstags dreht dein Dino dauernd Daumen.

Mittwochs mampft mein Meerschwein meistens Müsli.

Donnerstags …

Susanne Blesius

Schulfrühstück

Die Kinder der Klasse 1a
frühstücken gemeinsam.

Tilo isst gern
Käsebrotspieße.
Er trinkt Milch dazu.

Nele hat
ein Gurkenbrot mit.
Sie trinkt Wasser.

Selina mag gefüllte
Brottaschen.
Selina trinkt Saft.

Uli hat sogar
einen Obstsalat dabei.
Er trinkt Saft mit Wasser.

Was frühstückst du in der Schule?
Was ist in den Getränkeflaschen?

www.wie-fruehstueckt-die-welt.de

Das Rezept für Käsebrotspieße

Arbeite auf dem Brett.

1. Streiche Frischkäse auf eine Scheibe Brot.

2. Lege die zweite Scheibe Brot darauf.

3. Schneide das Brot in Stücke.

4. Schneide den Käse in Würfel.

5. Schäle eine Gurke.

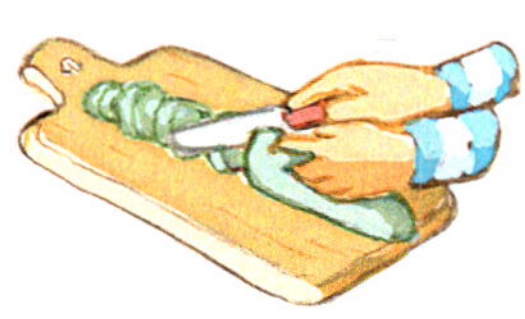

6. Schneide die Gurke in Scheiben.

7. Stecke alles abwechselnd auf die Spieße.

Denke dir andere Brotspieße aus.

Julias Schultüte

Wer sitzt neben Julia?

„Das ist Julia“, sagt die Lehrerin.
„Sie kommt neu in unsere Klasse.“

Julia nickt und
schwenkt eine große Tüte.
„Ich habe jedem
etwas mitgebracht“, ruft sie.
Alle klatschen und schreien.

„Wo willst du sitzen, Julia?“,
fragt die Lehrerin.
„Dahinten“, antwortet Julia.
Sie zeigt auf Tom.

In der Pause verteilt Julia
ihre Süßigkeiten.
Alle stehen um sie herum.
Nur Tom nicht.
Julia geht zu ihm.

„Was ist los?“, fragt sie.
Tom denkt nach:
„Ich fand es blöd,
dass die anderen so geschrien haben.
Nur wegen der Süßigkeiten.“

Cordula Tollmien

Was könnte Julia antworten?

Wenn das M nicht wär erfunden

Wenn das **M** nicht wär erfunden,
wäre manches schief und krumm.
Denn dann hießen **M**ax und **M**oritz
Ax und Oritz. Das wär dumm.

Wenn das **M** nicht wär erfunden,
wäre mancher übel dran.
Maxi**m**ilian, der hieße
plötzlich Axi ilian.

Wenn das **M** nicht wär erfunden,
wär das ABC nicht voll.
Jede **M**a**m**a hieße a – a.
Und das wäre gar zu toll.

Doch zum Glück ist es erfunden.
Das ist nützlich! Das ist fein!
Denn nun können kleine Kinder
Mutti oder **M**a**m**i schrein!

James Krüss

So arbeitest du mit dem Computer

Drücke am Computer
den Startknopf.

Bewege die Maus
auf der Tischplatte.
So lenkst du den Pfeil
auf dem Bildschirm.

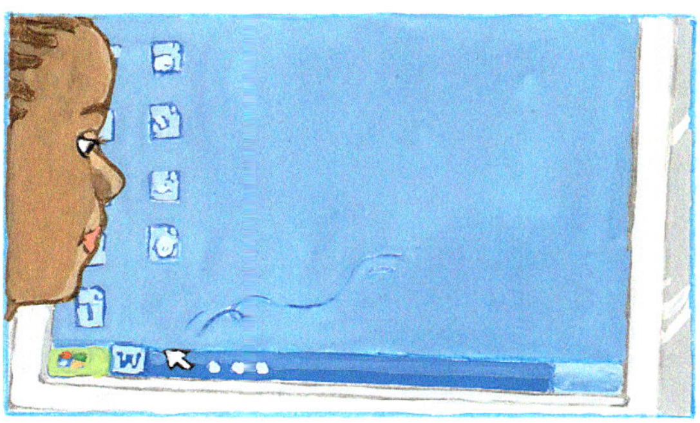

Führe den Pfeil auf dieses
W-Zeichen.

Drücke zweimal schnell
die linke Maustaste.

Das Programm öffnet sich.
Jetzt kannst du schreiben.

Oben rechts ist ein Kreuz.
Hier schließt du das Fenster
wieder.

Rosinen

Mama mag Rosinen.

Sie nascht Rosinen,
wenn sie Kuchen backt.

Sie nascht Rosinen,
wenn sie Müsli macht.

Sie nascht Rosinen
aus der rosa Dose in der Küche.

Max mag Rosinen nicht.

Er pult Rosinen
aus dem Kuchen
und legt sie neben den Teller.

Er fischt die Rosinen
aus dem Müsli
und legt sie neben die Schüssel.

„Aber Max!“, sagt Mama.
„Für dich!“, sagt Max.

Und dann nascht Mama die Rosinen,
die Max nicht mag.

Ute Andresen

Was machen Mama und Max mit Rosinen?
Was sind Rosinen?

Papa schaut fern

Max geht zu Papa und sagt GUTE NACHT.
Papa sitzt im Sessel und schaut fern.
Papa wartet auf Fußball.

Julia geht zu Papa und sagt GUTE NACHT.
Papa sitzt im Sessel und schaut fern.

Papa hört nicht, was Julia sagt.
Eben gerade hat Fußball angefangen.

Das Telefon klingelt.
Mama geht ans Telefon und ruft Papa:
Für dich, Toni!
Papa hört nicht. Papa schaut fern.
Eben gerade hat einer ein Tor geschossen.

Mama geht zu Papa und sagt …

Ute Andresen

Was könnte Mama zu Papa sagen?

Märchenrätsel

Wer sollte einst mit Wein und Kuchen
im Wald die Großmutter besuchen?

Wer sollte mal mit einem Hasen
im Felde um die Wette rasen?

Im tiefen Wald
ein Häuschen stand.
Zwei Kinder fanden's, Hand in Hand.
Sie hatten grad genascht,
als sie die Hexe überrascht.

Wer stach sich an der Spindel klein
und schlief dann hundert Jahre ein?
Hinter hohen Dornenhecken
wollt ein Prinz sie nun erwecken.

Marga Arndt

Die Bremer Stadtmusikanten

Es war einmal ein alter Esel,
der wurde fortgejagt.
Da machte er sich auf den Weg nach Bremen,
um Stadtmusikant zu werden.

Unterwegs traf er neue Freunde,
die mit ihm kamen:
einen Hund, eine Katze
und schließlich einen Hahn.

Im Wald entdeckten sie ein Haus.
Sie waren hungrig und müde
und sahen durch die Fenster hinein.
Dort saßen Räuber beim Mahl.

Da hatte der Esel einen Plan:
Der Hund kletterte auf seinen Rücken,
die Katze sprang auf den Hund
und der Hahn flog auf die Katze.

Und nun riefen, bellten, miauten und krähten sie.
Die Räuber flohen erschrocken in den Wald.
Fortan lebten die vier Stadtmusikanten
glücklich und zufrieden im Räuberhaus.

Erzähle die Geschichte mit Hilfe der Bilder.

Das Hühnchen, die Maus und das Birkhuhn

Es waren einmal ein Hühnchen, eine Maus und ein Birkhuhn. Das Hühnchen fand ein Gerstenkorn und gackerte freudig:

„Hab' ein Korn gefunden,
hab' ein Korn gefunden!"
Das Korn muss gemahlen werden.
„Wer wird das Korn
in die Mühle tragen?"
„Ich nicht", sagte die Maus.
„Ich nicht", sagte das Birkhuhn.

Da war nichts zu machen.
Das Hühnchen nahm das Korn
und trug es selbst in die Mühle.
Dort wurde es gemahlen.

„Wer wird den Teig kneten?",
fragte das Hühnchen.
„Ich nicht", sagte die Maus.
„Ich nicht", sagte das Birkhuhn.
Da knetete das Hühnchen
den Teig.

„Wer wird den Ofen heizen?“, fragte das Hühnchen.
„Ich nicht“, sagte die Maus.
„Ich nicht“, sagte das Birkhuhn.
Da heizte das Hühnchen den Ofen.

„Wer wird das Brot in den Ofen schieben?“, fragte das Hühnchen.
„Ich nicht“, sagte die Maus.
„Ich nicht“, sagte das Birkhuhn.
Da musste das Hühnchen es selbst hineinschieben.

Das Brot wurde groß und knusprig. Das Hühnchen legte es auf den Tisch und fragte: „Und wer will das Brot essen?“
„Ich“, sagte die Maus und setzte sich an den Tisch.
„Und ich“, sagte das Birkhuhn und setzte sich auch.

Russisches Märchen

Lest das Märchen mit verteilten Rollen.
Ihr könnt es auch nachspielen.

Was könnte das Hühnchen zum Schluss der Maus und dem Birkhuhn sagen?

Mein Ball

Mein Ball zeigt, was er kann,
hüpft **hoch** wie ein Mann,
dann **hoch** wie eine Kuh,
dann **hoch** wie ein Kalb,
dann **hoch** wie eine Maus,
dann **hoch** wie eine Laus,
dann ruht er sich aus.

Josef Guggenmos

Lies in der richtigen Reihenfolge.
Mein Ball hüpft hoch wie eine Maus
… wie eine Kuh
… wie ein Mann
… wie eine Laus
… wie ein Kalb

Was Schönes zum Wegwerfen

Liebe Ulrike,
du darfst das Paket erst aufmachen,
wenn du erraten hast, was drin ist.
Es ist etwas Schönes zum Wegwerfen.
Es kann schwimmen,
aber es ist nicht aus Holz.
Es hat keine Beine,
aber es kann springen.
Es hat keine Flügel,
aber es fliegt gern.
Man schlägt es
mit der Hand oder mit der Faust,
das macht ihm alles nichts aus.
Man tritt es sogar mit dem Fuß,
aber man hat es doch gern.
Weißt du jetzt, was es ist?
Viel Spaß!
Liebe Grüße von deiner Tante Erna

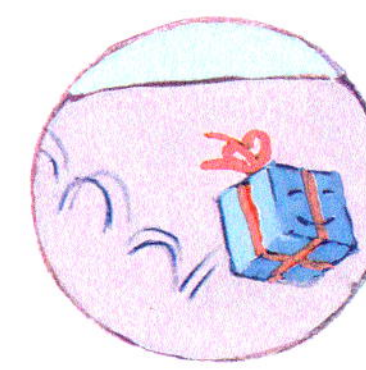

nach Josef Guggenmos

Male auf, was im Paket ist.
An welcher Stelle hast du es gemerkt?

Du bist da, und ich bin hier

Du bist da,
und ich bin hier.

Du bist Pflanze,
ich bin T… .

Du bist Riese,
ich bin Zw… .

Du bist Tal,
und ich bin B… .

Du bist dunkel,
ich bin h… .

Du bist langsam,
ich bin sch… .

Du bist einsam,
ich allein.

Komm, wir wollen
Freunde s…!

Frantz Wittkamp

Überlege dir weitere Verse.

leicht – schwer
voll – leer

heiß – kalt
jung – alt
…

Irgendwie Anders

Irgendwie Anders tat alles, um wie die anderen zu sein …
Aber es half alles nichts.

Er sah nicht so aus wie die anderen
und sprach nicht wie sie.
Er malte nicht so wie sie.
Und er spielte nicht so wie sie.
Und was er für komische Sachen aß!

„Du gehörst nicht hierher“,
sagten alle.
„Du bist nicht wie wir,
du bist anders!“
Irgendwie Anders ging
traurig nach Hause.

Er wollte gerade schlafen gehen,
da klopfte es an der Tür …

Kathryn Cave, Chris Riddell

Wer könnte bei Irgendwie Anders klopfen?

Erzähle die Geschichte zu Ende.

Freunde und ihre Geschichten

Durst

Frau Katze geht spazieren.
Da sie Durst hat, setzt sie sich in ein Café.
Sie bestellt Zitronen-Kiwi-Saft.
Plötzlich zwitschert es laut hinter ihrem Rücken.
Sie dreht sich um und sieht …

Der Elch und die Eule

Die Eule sitzt auf ihrem Lieblingsbaum.
Da sieht sie den Elch.
Sie ruft: „Hallo, Elch, komm zu mir."
Der Elch fragt: „Und wie soll ich hinaufkommen?"
Die Eule …

Wähle dir ein Bild aus. Betrachte es in Ruhe.
Erzähle oder schreibe weiter.

Freunde

„Hallo, Bär!"
„Wie, was, wo?", rief der Bär.
„Ich bin es, das Eichhörnchen."
„Ach so, du bist es."
„Wollen wir nicht spielen?",
fragte das Eichhörnchen.
„Komm, wir spielen
Bockspringen."
Marvin

Die Nacht und die Fledermaus

Die Fledermaus suchte einmal
ein paar Blätter und hatte
auch einige gefunden.
Aber das eine Blatt war
ein Frosch!
Und der Frosch schlief!
Der Frosch wachte auf
und fragte: „Kannst du
mich wieder ins Bett bringen?"
Christin

Erzähle oder schreibe nun deine Geschichte zu einem Bild.

Abzählreime

Reime, reime, Rätsel,
wer backt Brezel?
Wer backt Kuchen?
Der muss suchen.

Oberpoppel –
Hoppelhase hoppelt
in dem Stoppelgrase,
hoppelt in das Hasenhaus,
und du bist raus.

Sieben, sechs, fünf, vier, drei, zwei, eins,
geht das Hexeneinmaleins.
Kinder tragen Blumenkränze.
Hexen tragen Rattenschwänze.
Hexenhaus hat gute Sachen,
und du musst die Hexe machen.

Schreibe den Reim ab, der dir am besten gefällt.
Welche Abzählreime kennst du noch?

Zwei Dromedare und ein Esel

Paul Klee

Male auch so ein Bild.
Oder: Erzähle oder schreibe zu dem Bild eine Geschichte.

An einem Morgen wachte der Esel auf und sagte:
„Ich will endlich etwas erleben!
Ich werde in die Wüste ziehen."
In der Wüste war es heiß, der Esel bekam furchtbaren Durst.
Da traf er …

Segelbootpartie

Igels machen sonntags früh
eine Segelbootpartie.
Und die Kleinen jauchzen froh,
denn das Boot, das schaukelt so.
„Fallt nicht raus“, ruft Mutter Igel,
„denn ihr habt doch keine Flügel.
Wenn ihr dann ins Wasser fallt,
hu, da ist es nass und kalt.“

Erich Weinert

Was passt hier auch hinein?
Und die Kleinen … froh,
denn das Boot, das schaukelt so.

(lachen, jubeln, weinen, schluchzen,
nörgeln, jammern, maulen, kreischen)

Swimmy

Tief im Meer
lebte ein Schwarm kleiner roter Fische.
Nur ein Fisch war schwarz,
sein Name war Swimmy.

1.

2.

Eines schlimmen Tages
kam ein großer Thunfisch.
Er öffnete sein Maul
und verschlang sie alle.
Nur Swimmy entkam.

3.

Swimmy schwamm ins Meer.
Hinter einem Felsen traf er
einen neuen Schwarm kleiner roter Fische.
Doch alle Fische hatten Angst.
„Die großen Fische werden uns fressen“,
sagten sie.

4.

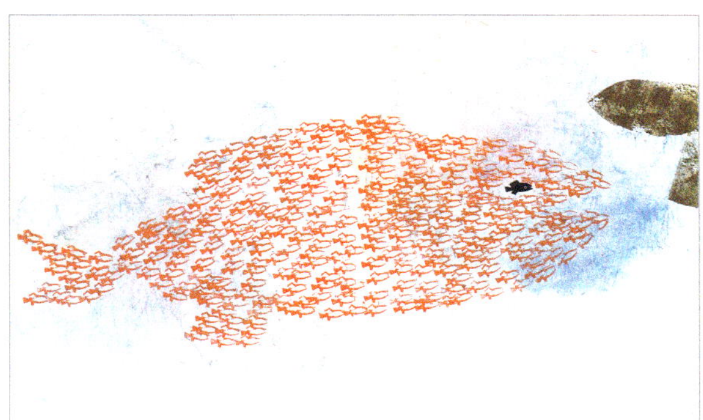

Swimmy überlegte lange.
Dann hatte er eine Idee.
Alle roten Fische …

Leo Lionni

Wie findest du die Idee von Swimmy?

Kleine Zeichenverse

Ein großes und ein kleines Tröpfchen
sind am Schluss ein Mauseköpfchen.

Den Mausebauch samt Schwanz und Po
macht ihr ganz einfach aus dem O.

Eine dicke runde Sechs
schreib die Zwei hinein.
Schwänzchen, Schnabel, Auge noch,
sag, was mag das sein?

Ann Davidow, James Krüss

Zeichne ohne abzusetzen

Das ist das Haus
von Katz und Maus.

Oder kennst du es so?

Das ist das Haus
vom Nikolaus.

Manchmal

An manchen Tagen geht nichts zusammen.

Da bellt die Maus.
Da kräht der Frosch.
Da muht das Schwein.
Da piept der Hund.
Da quakt der Hahn.
Da quiekt das Huhn.
Da mauzt die Ziege.
Da meckert die Meise.
Da gackert die Katze.
Da zwitschert die Kuh.

nach Jürgen Spohn

Samsalabim …

… und Sumsalabum,
jetzt wandeln wir die Wörter um.
Vertauscht man a, e, i, o, u,
dann geht es wie beim Zaubern zu:

Die Hand wird zum Hund,
der Mond wird zum M…,
der Riese zur Rose,
der Hase zur …

Irmela Brender

Unsere Fragen zur Zwergfledermaus

Die Zwergfledermaus

Größe und Gewicht

Die Zwergfledermaus ist nur etwa 4 bis 5 cm groß.
Das ist so groß wie eine Schachtel mit Streichhölzern.
Sie wiegt zwischen 3 und 7 Gramm.
Das ist so schwer wie ein Stück Würfelzucker.

Nahrung

Die Zwergfledermaus frisst kleine Insekten.
Sie fliegt abends los
und fängt ihre Beute im Flug.

Leben

Die Zwergfledermaus ist ein Säugetier.
Sie bringt lebende Junge zur Welt.
Im Winter hält sie in einer Gruppe Winterschlaf.
Dicht an dicht hängen die Fledermäuse
etwa 6 Monate kopfüber in ihrem Versteck.

Beantworte die Fragen der Kinder.
Kannst du auch Ninas Frage beantworten?

Das Internet
Das Internet ist wie ein Wörterbuch.
Benutze eine Suchmaschine für Kinder,
zum Beispiel: www.trampeltier.de

- Bevor du ins Internet gehst, frage immer einen Erwachsenen um Erlaubnis.
- Gib nie deinen Namen und deine Telefonnummer ins Internet.

Grüße aus aller Welt

Hej
Доброе утро
Chaerle Irta
Merhaba
Salam
早安
Sabaah al-khayr
Namaskara
Jam Waali
Indemin aderachihu
Selamat pagi
G'day
Goeiemore

Tom aus England

… my car.
(sprich: mei kar)

… meinem Auto.

… my bus.
(sprich: mei bas)

… meinem Bus.

… my doll.
(sprich: mei dorl)

… meiner Puppe.

… my teddy.
(sprich: mei teddi)

… meinem Teddy.

… my cat.
(sprich: mei kät)

… meiner Katze.

Kenan und Awa aus Mali

Mali ist ein Land in Afrika.

Kenan und Awa spielen dort gern mit Steinen.

Steinspiel für zwei Spieler

1. In den Sand wird eine große Schnecke gemalt.

2. Auf die Schneckenlinie werden kleine Steine gelegt. Das sind die Stationen.

3. Beide Spieler erhalten zwei flache Steine. Jeder legt einen Stein in die Mitte der Schnecke. Den anderen Stein versteckt er in seiner Hand.

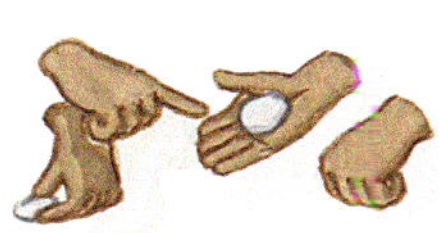

4. Das jüngste Kind rät zuerst, in welcher Hand der Stein ist. Hat es richtig geraten, darf es seinen Stein aus der Mitte zur nächsten Station rücken. Rät es falsch, schiebt der andere Spieler seinen Stein aus der Mitte.

5. Wer verlässt das Schneckenhaus als Erster?

nach Astrid Hille, Dina Schäfer

Willi Vampir in der Schule

Papa Vampir will,
dass Willi in die Schule geht.
Er soll endlich etwas lernen.

So fahren sie ins Dorf zur Schule.

Die Kinder sitzen alle schon
in ihren Bänken.
Frau Pilz nimmt ihre Brille ab.
Sie schaut erstaunt auf Willi Vampir.

Sein Mund ist rot wie Blut
und die Zähne sind so spitz wie Dolche.

Wer ist Frau Pilz?
Warum schaut sie erstaunt auf Willi Vampir?
Male ein Bild von Willi Vampir.

Willi nimmt seine Ratte aus der Tasche
und setzt sie sich auf den Kopf.
Zwei fette Spinnen lässt er über seinen Arm krabbeln.

Tom und Sabine springen auf die Bänke.
Die anderen Kinder kreischen.
Allen gruselt vor den Spinnen und der dicken Ratte.

Willi Vampir grinst von einem Ohr zum anderen.
Dabei zeigt er seine spitzen Zähne.

Gemütlich legt Willi Vampir die Füße auf die Bank.
Dann holt er eine Blutorange
und eine Blutwurst aus der Tasche.

„Ich bin hungrig wie ein Löwe!“, sagt er
und schlägt seine Zähne in die Blutorange.

Da wird Frau Pilz böse …

Erhard Dietl

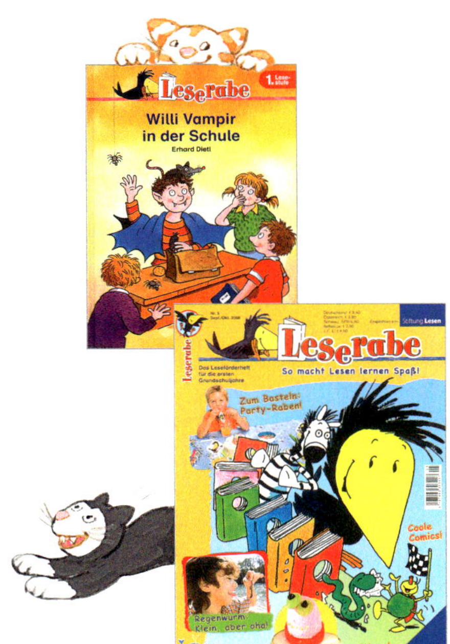

Was hat Willi Vampir alles in seiner Tasche?
Warum wird Frau Pilz böse?

Rabulan, der Riese

Gemüse

Radieschen

auch

sein

Rabulan, der Riese,
isst so gerne … .

Er sagt: „Gemüse ist gesund!“,
und verzehrt aus diesem Grund
täglich einen Haselstrauch
und ein Fuder Rüben … ,
einen Kürbis obendrein;
denn er will bei Kräften … .

Bei Ferdinand und Lieschen
tun's Äpfel, Salat und … !

Josef Guggenmos

Vom Riesen Timpetu

Pst! Ich weiß was. Hör mal zu:
War einst ein Riese Timpetu.
Der arme Bursche hat – o Graus –
im Schlafe nachts verschluckt ne Maus.

Er lief zum Doktor Isegrim:
„Ach, Doktor, mir geht's heute schlimm.
Ich habe im Schlaf ne Maus verschluckt,
die sitzt im Leib und kneipt und druckt."

Der Doktor war ein kluger Mann,
man sah's ihm an der Brille an.

Er hat ihm in den Hals geguckt:
„Wie? Was, ne Maus
habt Ihr verschluckt?
Verschluckt ne Miezekatz dazu,
so lässt die Maus
Euch gleich in Ruh!"

Alwin Freudenberg

Das Hexenfest – eine Klanggeschichte

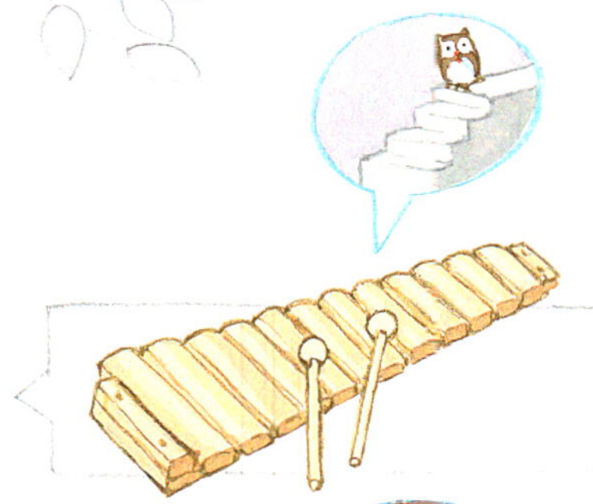

In einem alten, verfallenen Schloss
lebte hoch oben im Turm eine Eule.

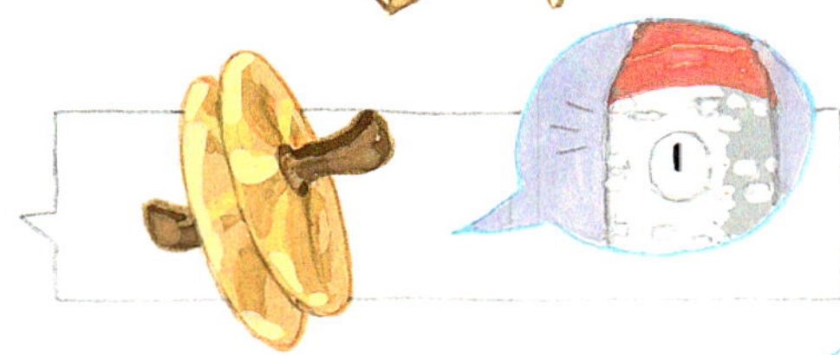

Es war Mitternacht,
und die Turmuhr schlug zwölf.

Plötzlich hörte die kleine Eule
ein Rumpeln und Humpeln,

ein Kichern und Lachen,

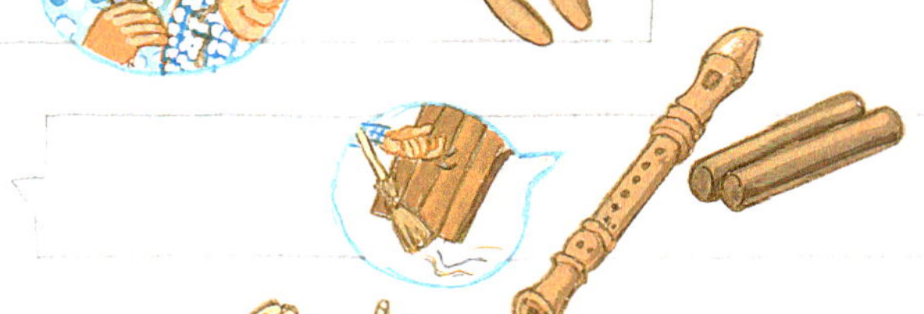

ein Pfeifen und Klopfen.

Das waren die Hexen
Kunigunde, Lilly und Luzie.
Sie tanzten wild.

Die Uhr schlug eins …

Und mit einem Knall –
waren die Hexen alle wieder fort!

Die kleine Hexe geht auf Reisen

Heute übernachtet Trixi, das Hexenkind,
bei der kleinen Hexe Lisbet.

„Weißt du was, Trixi,
ich zaubere
einen fliegenden Teppich
für dich.“

„Hokuspokus, hopp und hipp,
Teppich, Teppich, nimm uns mit!“

„Es hat geklappt, Trixi! Wir fliegen!“,
ruft Lisbet.
„Halt dich gut fest!“

Und ab geht’s.

Sie fliegen und fliegen immer höher.
Da sehen sie tief unter sich ein Licht.
„Was mag das wohl sein?“, fragt Lisbet
und zeigt auf das Licht.

Lieve Beaten

Komm mit durchs Jahr!

Der Sommer schmeckt wie Himbeereis

Der Sommer
schmeckt wie Himbeereis,
der Winter
riecht nach Schnee.
Im Frühling
blüht der Kirschbaum weiß,
im Herbst,
da trinkt man Tee.

Jutta Richter

Falle, falle, falle

Falle,
falle,
falle
gelbes Blatt –
rotes Blatt
bis der Baum
kein Blatt mehr hat.
Weggeflogen alle.

Wilhelm Bender

Blätterfall

Langsam fällt jetzt Blatt für Blatt
von den bunten Bäumen ab.
Jeder Weg ist dicht besät,
und es raschelt, wenn ihr geht.

Erna Fritzke

Rate mal!
Stacheln hab ich wie ein Igel.
Ei, sieht das nicht lustig aus?
Purzle ich vom Baum herunter,
springt ein braunes Männlein raus.

Elsbeth Friemert

Fünf Gespenster

Fünf Gespenster
hocken vor dem Fenster.
Das erste schreit: „Haaaaaa!“
Das zweite heult: „Hoooooo!“
Das dritte brummt: „Huuuuuuu!“
Das vierte lacht: „Hiiiiiii!“
Das fünfte schwebt zu dir herein
und flüstert:
„Woll’n wir Freunde sein?“

Dorothée Kreusch-Jacob

Bratäpfel

Was die Äpfel tun,
wenn sie im Backrohr sitzen?
Erst sitzen sie,
dann schwitzen sie,
dann brutzeln sie und brutzeln,
dann britzeln, brotzeln, bratzeln sie
und brutzeln, brutzeln wieder
zisch
und singen Apfellieder
zischhhhhhh
zischhhhhhhhhhhhhhhh
zischhhhhhhhhhhhhhhhhhhhhhhhhhhhh
jetzt wollen wir auf den Tisch!!!!

Friedl Hofbauer

Lies das Gedicht erst still.
Übe dann den Vortrag mit einem Partner.

Überraschung

Eine Flocke
und wieder
eine Flocke
und wieder
eine Flocke
und schon wieder
eine Flocke
und schon wieder
eine Flocke
und noch eine
und noch eine
und noch eine
und noch eine ...
Oje, oje!
Schnee!

Gottfried Herold

A, a, a, der Winter, der ist da!

A, a, a, der Winter, der ist da!
Herbst und Sommer sind vergangen,
Winter der hat angefangen.
A, a, a, der Winter, der ist da!

E, e, e, nun gibt es Eis und Schnee!
Blumen blühn an Fensterscheiben,
Flocken froh im Winde treiben.
E, e, e, nun gibt es Eis und Schnee!

Volkslied

Weihnachten

Bald ist Weihnachten da!

Sascha und Selina  mit  .

Am  sind rote  .

Nele malt eine  .

Ihr Kinderlein kommet

Ihr Kinderlein kommet,
o kommet doch all!
Zur Krippe her kommet
in Bethlehems Stall! …

Vier Lichter

Ein Licht sagt uns: „So wartet doch!“
Das zweite sagt: „Es dauert noch!“
Das dritte flüstert: „Nicht mehr lang!
Ich hör schon leise den Gesang.“
Das vierte sagt: „Es ist soweit!
Denn nun ist endlich Weihnachtszeit!“

Nüsseknacken

Holler, boller, Rumpelsack,
Niklas trug sie Huckepack,
Weihnachtsnüsse, gelb und braun,
runzlig, punzlig anzuschaun.

Knackt die Schale, springt der Kern,
Weihnachtsnüsse ess' ich gern.
Komm bald wieder in mein Haus,
guter alter Nikolaus.

Albert Sergel

Weihnachtsbastelei

Das brauchst du:

Und so geht es:

1. Schneide ein rotes Dreieck aus.
2. Klebe die Knöpfe als Augen darauf.
3. Klebe etwas weiße Watte unter die Augen.
4. Rolle rosa Watte zu einer kleinen Kugel zusammen.
   Das wird die Nase. Klebe sie über den Bart.
5. Klebe zum Schluss noch Watte über die Augen
   und an die Spitze des Dreiecks.
   Das ist die Mütze.

Frau Holle

Hoch über unsern Köpfen sitzt Frau Holle
und sinnt, ob sie die Betten schütteln solle,
ob heute schon, ob morgen oder wann?
O mach dir keine Sorgen, Frau, fang an!

Du bist doch alt genug und hast's erfahren
im letzten Jahr und schon vor tausend Jahren,
dass alle Kinder jubeln, weil sie's lieben,
wenn hunderttausend weiße Flocken stieben.

Josef Guggenmos

Es schneit

Es schneit! Es schneit!
Kommt alle aus dem Haus!
Die Welt, die Welt
sieht wie gepudert aus!

Es schneit! Es schneit!
Das müsst ihr einfach sehn!
Kommt mit! Kommt mit!
Wir wollen rodeln gehn!

Rolf Zuckowski

Der Schneemann ist so rund, wiegt hundert Pfund.
Doch wenn die liebe Sonne scheint,
dann wird er klein,
so klein,
so klein.

Hanna Hanisch

Das Schneeglöckchen

Steckbrief

Name: Schneeglöckchen
Blüte: weiß, wie eine Glocke
Blatt: grün und länglich

besondere Merkmale:

- Das Schneeglöckchen ist ein Frühblüher. Es blüht sogar bei Kälte, Regen und Schnee.
- Unter der Erde ist eine Zwiebel. Sie speichert Wasser und Nährstoffe.
- Das Schneeglöckchen läutet den Frühling ein.

Das Blümchen

Ein Blümchen schläft im Garten
tief in der Erde Schoß.
Der Regen klopft und weckt es:
Wach auf und werde groß!

Das Blümchen reckt und streckt sich,
wächst hoch und schlank hinauf!
Die Sonne kommt und wärmt es,
bald blüht sein Hütchen auf.

Anne Geelhaar

März

Kinder aus den Stuben,
Küken aus dem Ei,
Vögel aus dem Süden
sind auch bald dabei.

Alfons Schweiggert

Kurz vor Ostern

Erste warme Sonne liegt
auf den grünen Hügeln.
Und ein rotes Pünktchen fliegt
hin und her, vom Wind gewiegt:
früh schon auf den Flügeln.

Liebes rotes Käferlein
mit den schwarzen Tupfen,
kommst so zeitig und allein,
noch liegt Schnee am Wiesenrain:
hol dir keinen Schnupfen.

Fred Rodrian

Komm und such,
eins, zwei, drei,
hinterm Haus
liegt ein Ei.

Komm und such,
husch, husch, husch,
's liegt ein Nest
hinterm Busch.

Komm und such!
Dort im Gras
sitzt noch ein
Zuckerhas'.

Komm und such
überall!
Drüben liegt
gar ein Ball!

Komm und such
frisch und froh
irgendwas
irgendwo!

Josephine Hirsch

Wie sehr ich dich mag

Ich will mir ein Wort ausdenken,
ein nigel-nagel-neues Wort.
Und es dir schenken.
Ein Wort,
mit dem ich dir sag,
wie sehr ich dich mag.

Hans und Monique Hagen

Strandsand

Leise rinnt durch meine Hand
feiner weißer Sand vom Strand.
He, ich mach den etwas nasser.
Darum geh ich jetzt ins Wasser.

Meine Hände können wühlen,
matschen, graben, schaufeln, fühlen.
Wie die nasse Pampe glitscht!
Wie sie schmiert und schmatzt und flitscht!

Seht, ich kann auch darauf gehen,
erst auf Hacken, dann auf Zehen.
Meine Spuren zeigen mir:
Hier spaziert ein Trampeltier!

Watsche-platsch, klecker-klatsch,
ich bau mir eine Burg aus Matsch.
Komm mich bitte gleich besuchen,
ich back Eierpampekuchen.

Christa Zeuch

Pippi sitzt auf dem Gartenzaun

Vor der Villa Kunterbunt saßen Pippi, Tommy und Annika.
Pippi saß auf dem einen Pfosten, Annika auf dem anderen,
und Tommy saß auf der Gartentür.
Es war ein warmer und schöner Tag Ende August.
Ein Birnbaum, der direkt hinter dem Zaun stand,
streckte seine Zweige so weit herunter, dass die Kinder
die kleinen goldroten Augustbirnen ohne Mühe abpflücken konnten.
Sie kauten und aßen und spuckten die Kerngehäuse auf den Weg.
...
Wie sie so dasaßen und Birnen aßen, kam ein Mädchen
den Weg von der Stadt her.
Als es die Kinder entdeckte, blieb es stehen und fragte:
„Habt ihr meinen Papa hier vorbeigehen sehen?“
„Mja“, sagte Pippi, „wie sieht er aus? Hat er blaue Augen?“
„Ja“, sagte das Mädchen.
„Gerade richtig groß, nicht zu groß und nicht zu klein?“
„Ja“, sagte das Mädchen.
„Schwarzen Hut und schwarze Schuhe?“
„Ja, genau“, sagte das Mädchen eifrig.
„Nein, den haben wir nicht gesehen“, sagte Pippi bestimmt.

Astrid Lindgren

Inhaltsverzeichnis

Buchstabenkurs

Leseangebot

Komm mit durchs Jahr!

* Gedichte und Reime

Textquellen

S. 82 Bydlinski, Georg: Guten Tag. In: Wasserhahn und Wasserhenne; Gedichte und Sprachspielereien. © Dachs-Verlag, Wien 2002
S. 83 nach Weiß, Margot: Ein Tag. In: Entdeckungskiste, Zeitschrift für die Praxis in Kiga und Kita. Freiburg: Herder Sept./Okt. 2007
S. 85 Blesius, Susanne: Montags macht mein Monster … In: Ich und du – die schönsten Kinderreime. Düsseldorf: Patmos Verlag GmbH und Co. KG 2001
S. 89 Tollmien, Cordula: Wer sitzt neben Julia? In: Kleine Schulgeschichten. arsEdition GmbH, München 2006
S. 90 Krüss, James: Wenn das M nicht wär erfunden. In: Bienchen, Trinchen, Karolinchen. Erlangen: Boje-Verlag 1969
S. 92 Andresen, Ute: Rosinen (Auszug). In: Wir sind vier! München: © Deutscher Taschenbuch Verlag GmbH & Co. KG 1991, 1992, 1999
S. 93 Andresen, Ute: Papa schaut fern (Auszug). In: Wir sind vier. a. a. O.
S. 94 Arndt, Marga: Märchenrätsel. In: Fingerspiele und Rätsel. Berlin: Volk und Wissen Verlag 1989
S. 98 Guggenmos, Josef: Mein Ball. In: Ich muss dir was zwitschern. Berlin: Der Kinderbuchverlag 1976
S. 99 nach Guggenmos, Josef: Was Schönes zum Wegwerfen. In: Leselöwen Rätselgeschichten. Bindlach: Loewes Verlag 1986
S. 100 Frantz Wittkamp: Du bist da, und ich bin hier (Auszug). In: Ich liebe dich wie Apfelmus. Hrsg. Amelie Fried. © München: © bj-Verlag 2006
S. 101 Cave, Kathryn; Riddell, Chris: Irgendwie Anders (Auszug). © Verlag Friedrich Oetinger, Hamburg 1994
S. 106 Weinert, Erich: Segelbootpartie. In: Kinder, schaut mal wie wir fliegen. Berlin: Alfred Holz Verlag 1959
S. 107 Lionni, Leo: Swimmy (Auszug). München: Beltz Verlag, Weinheim und Basel 2004, Programm Beltz & Gelberg, Weinheim
S. 108 Davidow, Ann; Krüss, James: Mäuse. In: Wir zeichnen Tiere. © Boje Verlag, Erlangen 1961
S. 109 nach Spohn, Jürgen: Manchmal. Aus: Drauf und dran. Carlsen Verlag, Hamburg 1988
S. 109 Brender, Irmela: Samsalabim. Aus: War mal ein Lama in Alabama. © Verlag Friedrich Oetinger, Hamburg 2001
S. 115 nach Hille, Astrid; Schäfer, Dina: Spiele für zwei. In: Fremde Länder, gute Freunde Freiburg im Breisgau: Velber Verlag, 2. Auflage 2006
S. 116 – 117 Dietl, Erhard: Leserabe, Willi Vampir in der Schule (Auszug). © Ravensburger Buchverlag Otto Maier GmbH 2004
S. 118 Guggenmos, Josef: Rabulan, der Riese. In: Was denkt die Maus am Donnerstag? Recklinghausen Bitter 1967
S. 119 Freudenberg, Alwin: Vom Riesen Timpetu. Berlin: Der Kinderbuchverlag o.J.
S. 121 Beaten, Lieve: Die kleine Hexe geht auf Reisen (Auszug). © Verlag Friedrich Oetinger GmbH, Hamburg 1999
S. 122 Richter Jutta: Der Sommer schmeckt wie Himbeereis. In: Der Sommer schmeckt wie Himbeereis. © Bertelsmann Verlag GmbH, München: 1990
S. 123 Bender, Wilhelm: Falle, falle, falle (gek.). In: Wagner, Margarete: Unter dem Regenbogen. Freiburg: Herder 1981
S. 123 Fritzke, Erna: Blätterfall. Aus: Reime, Gedichte, Geschichten für den Kindergarten. Volk und Wissen, 1974
S. 123 Friemert, Elsbeth: Die Kastanie. In: Fingerspiele und Rätsel für Vorschulkinder. Berlin: Volk und Wissen Verlag 1984
S. 124 Kreusch-Jacob, Dorothée: Fünf Gespenster. In: Finger spielen – Hände tanzen. München: Don Bosco Verlag 1997
S. 124 Hofbauer, Friedl: Bratapfel. In: Weißt du, dass alles sprechen kann? Wien: © Dachs- Verlag GmbH 1999
S. 125 Herold, Gottfried: Überraschung. In: Komm, wir wollen im Regen gehen, © 2000 Middelhauve Verlags GmbH München
S. 126 Hrsg. Roß, Gabriele: Vier Lichter. In: Mein allererstes Weihnachtsbuch. Pattloch Verlag, Augsburg © Weltbild Verlag GmbH, 1996
S. 127 Sergel, Albert: Nüsseknacken. In: Reime, Gedichte, Geschichten für den Kindergarten. Berlin: Volk und Wissen Verlag 1974
S. 128 Guggenmos, Josef: Frau Holle. In: Oh, Verzeihung sagte die Ameise. Beltz Verlag, Weinheim und Basel 1990, Programm Beltz & Gelberg
S. 128 Zuckowski, Rolf: Es schneit. Aus: Winterkinder, Das Weihnachts-Hit-Album (mit Liedtexten)/CD 1987
S. 128 Hanisch, Hanna: Der Schneemann ist so rund … In: Hanna und Rolf Hanisch: Wisper-knisper-Tannenzweig. Weinheim: Deutscher Theater Verlag 1971
S. 129 Geelhaar, Anne: Das Blümchen. In: Reime, Gedichte, Geschichten für den Kindergarten. Berlin: Volk und Wissen Verlag 1974
S. 130 Schweiggert, Alfons: März. In: Kinder erleben das Jahr. Herrsching: Schuler Verlag o. J.
S. 130 Rodrian, Fred: Kurz vor Ostern. In: Ans Fenster kommt und seht. Berlin: Der Kinderbuchverlag 1964
S. 131 Hirsch, Josephine: Ostern. In: Das Knusperhaus, Herder Verlag, 1988
S. 131 nach Hagen, Monique; Hagen, Hans: Wie sehr ich dich mag. In: Wie sehr ich dich mag. © Verlag Friedrich Oetinger, Hamburg 2001
S. 132 Zeuch, Christa: Strandsand. In: Das Jahr hat bunte Socken an, Würzburg, Benziger Edition im Arena Verlag 1994
S. 133 Lindgren, Astrid: Pippi Langstrumpf (Auszug). © Verlag Friedrich Oetinger GmbH, Hamburg 2007

Bildquellen

S. 26 Ducke, Bernd: Superbild
S. 34 Wort-Bild-Domino, aus: Förderkoffer „Meine Fibel", Cornelsen Verlag
S. 37/1 www.seatops.de/Jens Kuhfs, Pottwal.
S. 37/2 OKAPIA/Richard Ellis, Narwal.
S. 37/3 Wildlife/M.Carwardine, Entenwal.
S. 37/4 Steffen, A. & W.: Wal beim Ausatmen. Düsseldorf
S. 37/5 Steffen, A. & W.: Walmutter mit Baby
S. 37/6 Tracqui, V.: Meine erste Tier-Bibliothek; Der Wal. Esslinger-Verlag
S. 45/1, 2 Juniors Bildarchiv: Liegende Sau, Pferd mit Fohlen. Ruhpolding
S. 51 Erlbruch, Wolf: Nachts. Peter Hammer Verlag GmbH
S. 54 BMF/Deutsche Post Philateliedienst: Briefmarke
S. 58 Cornelsen Verlagsarchiv: Blockflöte; Trompete; Gitarre
S. 60 Lange, Harald: Wellensittich. NaturBild, Bad Lausick
S. 61, S. 80 Juniors Bildarchiv: Eule mit Maus, brütende Eule
S. 74/1, 2, 3, 4 Lange, Harald: Froschentwicklung. NaturBild
S. 75/1, 2 Cornelsen Verlagsarchiv: Meerschweinchen
S. 75/3 Juniors Bildarchiv: Meerschweinchen mit Jungen
S. 77/1 Nöstlinger, Christine; Müller, Thomas M.: Leon Pirat. Beltz & Gelberg 2006
S. 77/2 Layton, Neal: Eine kurze Geschichte der Welt. Boje Verlag
S. 77/3 CD: Was ist was/Dinosaurier und Spinnen. Tessloff Verlag, Nürnberg
S. 77/4 Schul-Jugendzeitschrift FLOHKISTE für die 1. Klasse, Domino Verlag München
S. 77/5 Funke, Cornelia: Prinzessin Isabella. Oetinger Verlag
S. 77/6 Andersen, H. Chr.: Die Prinzessin auf der Erbse. Aufbau Verlag 2005
S. 86/1, 2, 3, 4 Profilfoto Marek Lange, Berlin
S. 89 Tollmien, Cordula: Wer sitzt neben Julia? In: Kleine Schulgeschichten. 2006 arsEdition GmbH, München
S. 93 Andresen, Ute: Wir sind vier. dtv-junior, München 1999
S. 101 Cave, Kathryn; Riddell, Chris: Irgendwie Anders. Oetinger Verlag, Hamburg 1994
S. 101 Bilder aus: Cave, Kathryn; Riddell, Chris: Irgendwie Anders. Oetinger Verlag, Hamburg 1994
S. 102, 103 Erlbruch, Wolf: Freunde. Kinderzimmerkalender, Postkartenserie, Peter Hammer Verlag Wuppertal
S. 105 Paul Klee: Zwei Dromedare und ein Esel. © VG Bild-Kunst, Bonn 2008/ Indiana University Art Museum/Photograph by: Michael Cavanagh (Kevin Montague/Paul Klee, Mit zwei Dromedaren und 1 Esel, 1919, 32, Aquarell auf Papier, 25,2 x 21,5 cm, Privatbesitz, USA
S. 107 Lionni, Leo: Swimmy. Beltz Verlag, Weinheim und Basel 2004, Programm Beltz & Gelberg, Weinheim
S. 107 Bilder aus: Lionni, Leo: Swimmy. a. a. O.
S. 111/1 Blickwinkel: Zwergfledermaus auf Hand.
S. 111/2 Lange, Harald: Zwergfledermaus im Flug. NaturBild
S. 111/3 Juniors Bildarchiv: hängende Zwergfledermaus
S. 117 Dietl, Erhard: Willi Vampir in der Schule. Ravensburger Buchverlag, Ravensburg 2004
S. 116, 117 Bilder aus: Dietl, Erhard: Willi Vampir in der Schule. a. a. O.
S. 117 Kinderzeitschrift Leserabe für Erstleser, Ravensburger Verlag, Ravensburg 2008
S. 121 Baeten, L.: Die kleine Hexe geht auf Reisen. Oetinger, Hamburg 1999
S. 121 Bilder aus: Baeten, Lieve: Die kleine Hexe geht auf Reisen. Oetinger, Hamburg 1999
S. 133 Lindgreen, Astrid: Pippi Langstrumpf. Oetinger, Hamburg 2007

Impressum
Redaktion: Sabine Kierzek, Monika Gade
Layoutkonzept und Umschlaggestaltung: Ellen Meister
Illustration: Tanja Székessy
Layout und technische Umsetzung: Heike Börner
Unter Berücksichtigung der Ausgabe 2004 von
Edmund Wendelmuth †, Isolde Stangner
Bildrecherche: Peter Hartmann

www.vwv.de

1. Auflage, 4. Druck 2010

Alle Drucke dieser Auflage sind inhaltlich unverändert
und können im Unterricht nebeneinander verwendet werden.

Druck: CS-Druck CornelsenStürtz, Berlin

ISBN 978-3-06-081381-0 (Festeinband)
ISBN 978-3-06-081382-7 (Broschur)

Inhalt gedruckt auf säurefreiem Papier aus nachhaltiger Forstwirtschaft.

S s

T t

U u

Y y

Z z

Ä ä

Ei ei

Eu eu

Sch sch